LA FRAUDE

L'ESSENCE DE BADIANE

ET

LES MOYENS DE LA COMBATTRE

———

J. L. SIMON

HONG-KONG	PARIS	HAIPHONG
(Chine)	53, rue de Châteaudun	(Tonkin)

———

SEPTEMBRE 1898

LA FRAUDE

L'ESSENCE DE BADIANE

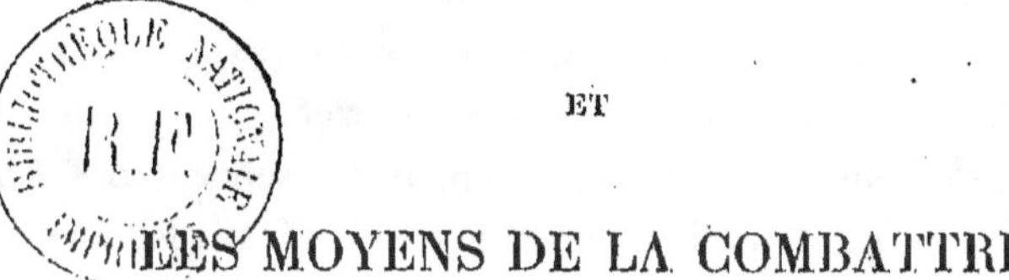

ET

LES MOYENS DE LA COMBATTRE

La question de la falsification de l'Essence de Badiane a été portée récemment devant la Chambre de Commerce de Hong-Kong, par le Commissaire impérial des douanes maritimes chinoises de Kowloon, port situé vis-à-vis de Hong-Kong.

Dans une notice très documentée, ce dernier expliquait le mécanisme de la fraude et proposait aux importateurs de Hong-Kong de se concerter dans le but d'y mettre un terme et d'éviter ainsi de voir prendre une autre direction à cette branche importante du commerce local.

Par cette phrase, le Commissaire impérial faisait allusion à mes efforts continus depuis plusieurs années en vue de lutter contre la fraude, et qui enlevaient peu à peu à Hong-Kong le monopole du commerce de ce produit.

En effet, trois ans avant que cette question fût ainsi posée devant la Chambre de Commerce de Hong-Kong, j'avais été frappé des plaintes persistantes et croissantes des consommateurs européens d'Essence de Badiane.

Ayant, depuis de nombreuses années, des établissements en Indo-Chine, à proximité des régions où croît l'arbre à Badiane, possédant un personnel parlant couramment l'Annamite et le Chinois, j'étais à même, mieux que qui que ce fût, de rechercher les origines de la fraude et d'y mettre fin si possible.

Ce sont les résultats de mes recherches et le résultat obtenu que je vais exposer en quelques lignes :

Les territoires où croît l'arbre à badiane sont à cheval sur la frontière du Tonkin et de la province chinoise du Kouang-Si, ainsi que le fait comprendre la carte annexée.

Les indigènes sont honnêtes et livrent une essence pure. Elle est de meilleure ou de moins bonne qualité, suivant les terroirs où elle est récoltée, comme pour le café, le cacao, la vanille, etc. Mais il est extrêmement rare que leur produit soit fraudé.

Après la distillation, ils recueillent l'essence dans des récipients de fer-blanc et vont l'offrir sur les marchés des villages voisins. Les acheteurs, tous négociants chinois du cercle de Lung-Chow, forment une bande noire qui vient s'abattre sur la région au moment de la distillation des fruits, tenant sous sa domination une grande partie des paysans producteurs, par les avances qu'elle leur effectue dans le courant de l'année à des taux usuraires.

Une fois rentrés chez eux, ces Chinois s'empressent de falsifier l'essence achetée, en la mélangeant soit à des huiles végétales, notamment l'huile de ricin, soit surtout au pétrole, dans des proportions variant avec leur degré de cupidité.

Et ce sont ces produits, mis en estagnons soudés et en caisses nattées, que les négociants de Hong-Kong achètent tels quels et expédient aux négociants et aux consommateurs du monde entier, sans nul souci de la qualité de leurs livraisons. Il en est de même en Europe et c'est finalement le consommateur qui en souffre, lorsqu'il trouve au fond de son alambic une matière innommable, qu'il ne peut que jeter au ruisseau, représentant de 10 à 40 0/0 de son achat et qu'il a payée comme de l'essence pure (1) :

En présence de ces faits, le but à atteindre ressortait avec évidence :

Éliminer la Bande Noire en se substituant à elle, par des avances à taux normal et par des achats directs aux indigènes.

C'est à ce but qu'ont tendu mes efforts, qui ont finalement abouti à un brillant résultat, puisque, dans les deux dernières campagnes, mes achats directs ont porté sur un chiffre de 48.000 kilos, vendus aux principales maisons du monde entier, qui en ont toutes été satisfaites sans restriction.

Voici, à titre de renseignement, quelle est ma manière d'opérer :

Mes agents recueillent l'essence au sortir de l'alambic. Les diverses provenances sont soigneusement séparées afin que chaque lot ait bien sa finesse propre, ainsi que sa teneur réelle en anéthol. Après un essai sévère constatant la pureté du produit, essai effectué par un chimiste attaché à ma maison, on prélève un échantillon sur chaque partie, laquelle est ensuite mise en estagnons puis en caisses, d'un conditionnement absolument identique à celui de Hong-Kong, auquel les négociants sont habitués depuis de longues années. Les estagnons sont auparavant revêtus d'une étiquette spéciale, déposée à Hong-Kong et en Europe dont ci-joint un spécimen. Et enfin les caisses, portant mes initiales J L S avec un numéro d'ordre, sont dirigées, d'une part sur Hong-Kong, pour la partie recueillie sur territoire chinois ; d'autre part sur Haïphong, pour la partie récoltée sur territoire tonkinois, et de là embarquées à destination des divers ports d'Europe.

Je ferai observer, en finissant, que le transit à travers le Tonkin, grâce à la ligne de Langson au fleuve Rouge, est infi-

(1) Voir les Annexes.

niment plus rapide et plus économique que la voie chinoise, au point que je puis offrir sur les divers marchés d'Europe, l'essence de la nouvelle récolte quatre semaines avant les maisons de Hong-Kong, et à des prix sensiblement inférieurs aux leurs.

Ce court aperçu m'a paru indispensable pour convaincre les nombreux négociants s'intéressant à l'Essence de Badiane, que seul je puis leur garantir un produit d'une pureté absolue, garantie qu'ils ne peuvent obtenir à aucun prix des maisons d'importation de Londres ou des exportateurs de Hong-Kong.

ANNEXES

RAPPORT DE M. JOHN-C. UMNEY, F. C. S.

(EXTRAIT du journal
The Chemist and Druggist, du 16 octobre 1897.)

— TRADUCTION —

L'Essence de Badiane importée par le port de Londres a eu jusqu'à ce jour un caractère uniforme ; il me paraît donc de toute nécessité de remédier à toute infraction à cet état de choses et notamment à la fraude.

Un lot d'Essence de Badiane d'environ 600 livres, récemment importé, fut trouvé composé de qualités tellement différentes, qu'il fut décidé qu'on réunirait un comité pour étudier la chose. Les courtiers chargés de cette mission n'eurent pas de difficulté à conclure qu'une partie du lot était différente de l'autre et devait donc être fraudée.

Je reçus, en conséquence, l'ordre d'examiner le lot et de faire une analyse sur les échantillons tirés de chacune des neuf caisses. J'en tirai les conclusions suivantes :

ÉCHANTILLONS PURS			ÉCHANTILLONS FRAUDÉS		
N°	Densité à 15 degrés centigrades	Point de fusion après solidification	N°	Densité à 15 degrés centigrades	Point de fusion après solidification
1	0,981	15° 8c	5	894	5° 7c
2	0,981	16° 0c	6	926	9° 7c
3	0,981	16° 0c	7	939	11° 5c
4	0,982	16° 2c	8	920	8° 8c
			9	910	7° 8c

Il était évident, d'après ce tableau, que les cinq échantillons 5 à 9 possédaient des propriétés très différentes de celles des échantillons 1 à 4, lesquels avaient les caractères de l'Essence de Badiane pure.

Des tentatives furent faites pour isoler les parties anormales, mais on n'y arriva qu'en partie. Une quantité considérable d'essence fut alors traitée par l'acide sulfurique concentré et on put ainsi séparer le résidu. Ce résidu consistait en huile de pétrole non raffinée, d'une densité de 0,835 à 15° c. d'une odeur très désagréable.

La proportion de pétrole constatée variait, dans les différentes caisses, suivant le tableau ci-dessous :

DEGRÉ PROBABLE DE FALSIFICATION :

Nᵒˢ 5 . . . . 56 o/o
6 . . . . 37 o/o
7 . . . . 36 o/o
8 . . . . 41 o/o
9 . . . . 47 o/o

La hausse récente de l'Essence de Badiane et les demandes actives pour cette saison ainsi que les grandes quantités vendues à livrer dans les derniers mois de l'année, sont des raisons majeures pour que les importateurs se mettent en garde contre cette fraude maladroite de la part des Chinois.

L'Essence de Badiane pure ne doit pas avoir une densité inférieure à 0,980 à 15° c. et ne doit fondre, après solidification, qu'à une température supérieure ou au moins égale à 15° c.

(EXTRAIT du *Chemist and Druggist* du 25 décembre 1897.)

— TRADUCTION —

Durant les deux derniers mois, des lots d'Essence de Badiane, fraudés au pétrole, ont été reçus à Londres directement de Chine. Les fraudes ont été heureusement découvertes avant que l'essence fût entrée dans la consommation et des mesures immédiates ont été prises pour arrêter toute transaction sur ces produits. Mais il s'ensuit que la confiance que l'on avait dans la pureté de l'essence chinoise du commerce en a reçu un coup sévère, au grand détriment du commerce de cette marchandise.

(EXTRAIT du *Bulletin semestriel* d'avril 1898, de MM. Schimmel et Cie, à Leipzig.)

Durant ces six derniers mois, les prix de cet article ont sensiblement baissé, mais ils ont plutôt pris un caractère nominal, la falsification ayant atteint dans ces derniers temps, en Chine, des proportions effroyables. Il n'est pas rare de trouver des mélanges à 40 o/o de pétrole, et il devient absolument impossible maintenant d'acheter cet article sans demander la garantie d'un certain point de solidification.

Depuis la publication de notre dernier bulletin, nous avons examiné toute une série d'essences d'origine chinoise, parmi lesquelles nous citerons surtout deux échantillons. L'un nous a été envoyé à l'essai, de Londres ; ils possédait les propriétés suivantes :

> Densité 0.917 ;
> Insoluble dans 3 vol, d'alcool à 90° ;
> Point de solidification + 5.1°!!

Le deuxième échantillon portait la marque du « vaisseau », bien connue par son bas prix, et avait les caractères suivants :

> Densité 0.914 ;
> Insoluble dans 3 vol. d'alcool à 90° ;
> Point de solidification + 6.5°!!
> Teneur en pétrole 40 o/o.

Cet exemple montre, une fois de plus, que la pratique usitée encore en Amérique et en Angleterre, d'acheter les articles chinois sur « marques » *(brands)* ne peut plus être employée. Nous avons encore examiné un grand nombre d'autres huiles, qui avaient relativement des points de solidification assez élevés, de + 13° à + 15°, et qui se trouvaient néanmoins être falsi-

fiées par des additions de pétrole, dont les proportions descen-
daient jusqu'à 5 o/o. Des huiles qui ne se dissolvent pas dans
3 vol. d'alcool à 90° doivent être considérées comme suspectes et
être soumises à un examen ultérieur, le point de fusion dût-il
être normal.

Vu la nécessité et aussi la grande importance de la question,
nous reproduisons ce que nous avons dit dans notre bulletin
d'avril 1897, sur les additions de pétrole.

Pour nous rendre compte de l'influence exercée par le pétrole sur les
propriétés de l'essence de badiane, nous avons fait des mélanges de cette
essence avec 5 et 10 o/o de pétrole.

	Densité.	Point de solidification.	Solubilité.
Essence pure	0,986	+ 18°	Sol. dans 2,2 parties d'alcool à 90°.
La même avec 5 o/o de pétrole.	0,978	+ 16,25°	Ne donnent pas de sol. limpide avec 10 par-
La même avec 10 o/o de pétrole.	0,970	+ 14,75°	ties d'alcool à 90°.

Il résulte de ce tableau que le point de congélation est peu abaissé
par addition de pétrole. Par contre, on reconnaîtrait facilement une
semblable addition par la densité et la solubilité dans l'alcool. L'essence
de badiane pure possède une densité de 0,980 à 0,990 à 15°, et donne
une solution limpide avec 3 parties d'alcool à 90°. Les essences qui ne
répondent pas à ces conditions doivent être considérées comme falsifiées,
et celles qui ont un point de solidification inférieur à + 15°, comme de
qualité inférieure.

Nous conseillons vivement aux maisons de Hong-Kong de se
rappeler ces données, car sans cela tout ce commerce émigrera
au Tonkin, d'où nous n'avons tiré, jusqu'à présent, que des
huiles sans reproche et dont le point de solidification atteint
parfois + 18°.

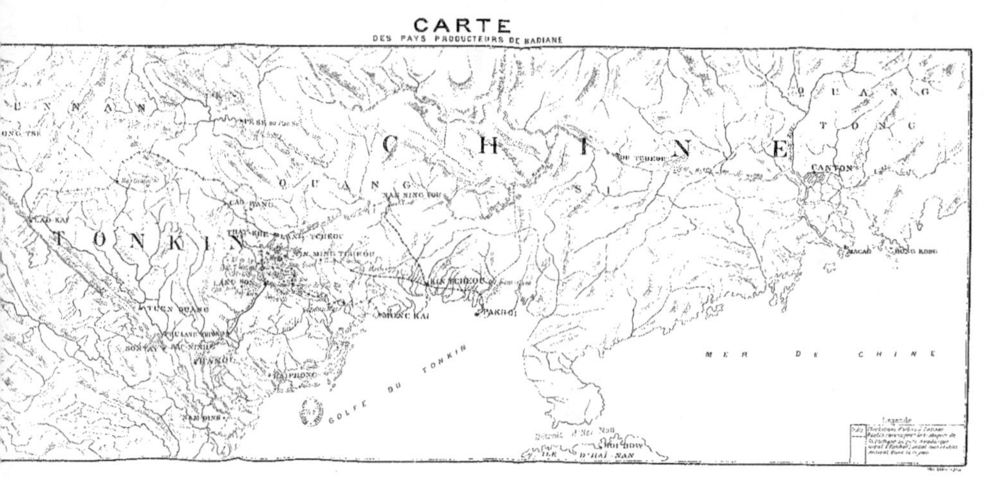

CARTE
DES PAYS PRODUCTEURS DE BADIANE
YUN NAN
ONG-TSE
QUANG TONG
CHINE
QUANG SI
QUANG
PE SE ou Pac Se
NAN NING FOU
CAO BANG
LAO KAI
TONKIN
THAT KHE
NAN MINH TCHEOU
LANG SON
KIN TCHEOU
TUYEN QUANG
MONG KAI
PAKHOI
POU LANG THUONG
SON TAY
BAC NINH
HANOI
HAIPHONG
CANTON
MACAO
HONG KONG
MER DE CHINE
GOLFE DU TONKIN
NAM DINH
HOI HOW
ILE D'HAI NAN
Légende

FAC-SIMILÉ DE MA MARQUE DÉPOSÉE